200
Preguntas y respuestas
sobre
DINOSAURIOS

TEXTO
Cristina Banfi

ILUSTRACIONES
Lorenzo Sabbatini

Éccomi

ÍNDICE

4 Introducción

6 Preguntas básicas

16 Carnívoros

42 Herbívoros

76 Reptiles voladores y reptiles marinos

Introducción

La **curiosidad** es lo que nos mueve a conocer el mundo, y hacer preguntas es la mejor manera de aprender. Seguro que alguna vez te has preguntado cosas sobre los dinosaurios, y probablemente ya conozcas algunas de las respuestas.

Y es que estos **reptiles prehistóricos** son tan famosos que todo el mundo ha oído hablar de ellos, a pesar de que vivieron hace muchísimo tiempo. Los dinosaurios poblaron nuestro planeta durante unos 165 millones de años, en una época que la ciencia denomina era mesozoica.

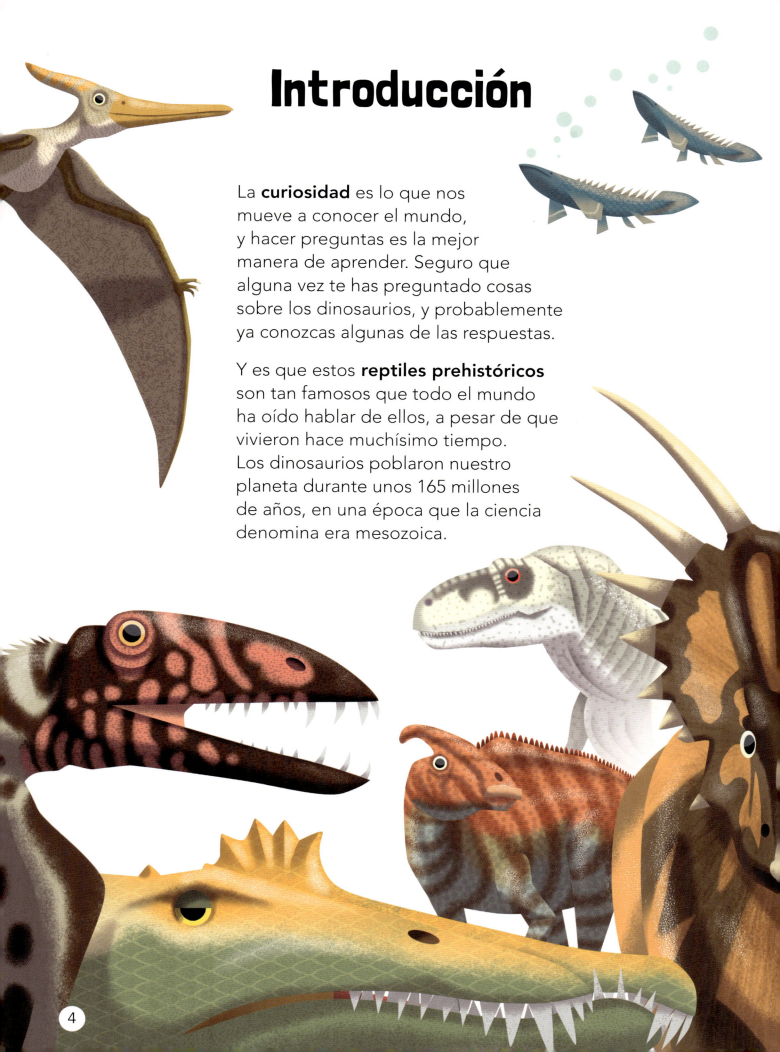

Hace unos 66 millones de años, una **gran extinción** acabó con ellos, junto con otras muchas criaturas voladoras y marinas. Si hoy sabemos de su existencia, es solo porque hemos encontrado y estudiado sus restos petrificados por el tiempo.

El mundo de los dinosaurios todavía esconde numerosos **secretos**, y todos los días se descubre algo en algún lugar del mundo que nos aporta nueva información. Descubramos algunos de estos secretos y conozcamos mejor a estos animales aterradores, extravagantes y absolutamente fascinantes.

Preguntas básicas

Cuando hojeamos un libro sobre dinosaurios, podemos hacernos muchas preguntas: ¿por qué algunos tenían un aspecto tan peculiar o unos rasgos tan extraños? ¿Por qué no amamantaban a sus crías y algunos tenían plumas? O incluso ¿por qué no suponían ningún peligro para los humanos primitivos y por qué hoy ya no están entre nosotros?

Las respuestas a cada una de estas preguntas nos ayudarán a descubrir cómo era la vida de estos antiguos reptiles y por qué hay quien cree que, en realidad, no han desaparecido del todo, sino que están mucho más cerca de nosotros de lo que creemos.

¿Por qué desaparecieron los dinosaurios?

Muchos científicos creen que la caída de un enorme meteorito sobre la Tierra modificó rápidamente el clima y alteró todos los ecosistemas del mundo, convirtiéndolos en inadecuados para la vida de los dinosaurios.

¿Por qué se llama «paleontología» la ciencia que estudia los fósiles?

Porque, en griego, *paleo* significa «antiguo» y *logia* significa «ciencia», por eso se denomina así al estudio de los restos de los animales y plantas que vivieron en épocas remotas.

¿Por qué los humanos prehistóricos no podían cazar dinosaurios?

Los humanos aparecieron en la Tierra mucho después de la extinción de los dinosaurios. Nuestros antepasados primitivos podían cazar animales hoy extintos, como mamuts y osos de las cavernas, pero desde luego no dinosaurios.

¿Por qué algunos dinosaurios estaban cubiertos de plumas?

Los dinosaurios fueron los primeros animales con plumas. Aunque estas no les permitían volar, les servían para conservar el calor y planear cuando daban un gran salto. Algunos también las utilizaban para seducir a su pareja o asustar a los adversarios.

¿Por qué son importantes las huellas de los dinosaurios?

Aunque no formen parte de su cuerpo, las huellas pueden explicarnos muchas cosas de un dinosaurio: no solo cómo caminaba, sino también si vivía aislado o en grupo, o cuál era su tamaño.

¿Por qué los dinosaurios eran tan grandes?

En realidad, hubo dinosaurios de todos los tamaños: algunos eran colosales; otros, tan pequeños como una paloma o, según algunos científicos, ¡como un colibrí!

¿Por qué casi siempre se pinta a los dinosaurios de color verde?

Se los pinta de verde porque este es el color más habitual entre los reptiles, pero se cree que muchos dinosaurios eran de colores brillantes, incluso a rayas.

¿Por qué hay quien dice que los dinosaurios siguen entre nosotros?

Aunque se extinguieron, los dinosaurios han dejado descendencia. Las aves son dinosaurios en miniatura que aprendieron a volar.

¿Por qué los dinosaurios no amamantaban a sus crías?

Algunos dinosaurios no se ocupaban en absoluto de sus crías, mientras que otros las cuidaban, alimentaban y protegían durante mucho tiempo. Sin embargo, a diferencia de los mamíferos, las madres no producían leche.

¿Por qué los dinosaurios ponían huevos?

Los dinosaurios ponían huevos para reproducirse. Normalmente, los huevos de los carnívoros eran alargados, mientras que los de los herbívoros eran más redondeados.

¿Por qué el mesozoico se conoce como la «era de los reptiles»?

Durante ese largo periodo, todos los hábitats del planeta, tanto terrestres como acuáticos o aéreos, estuvieron habitados y dominados principalmente por reptiles, incluidos los dinosaurios.

¿Por qué no podemos saber de qué color eran los ojos de los dinosaurios?

Los dinosaurios vivieron hace millones de años y sus fósiles corresponden a las partes duras de su cuerpo: huesos, dientes, uñas y cuernos. Los ojos no se fosilizan y, por tanto, no podemos saber de qué color eran.

¿Por qué los dinosaurios se llaman así?

El término *dinosaurio* fue creado en 1842 por el paleontólogo inglés Richard Owen, que combinó dos palabras griegas, *deinos* y *sauros*, que juntas significan «lagarto terrible» o «maravilloso».

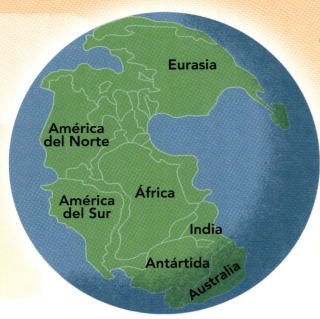

¿Por qué también se encuentran restos de dinosaurios en el polo Sur?

En la época de los dinosaurios, las distintas masas continentales estaban unidas en un único continente llamado Pangea. La actual Antártida se encontraba más al norte y no estaba cubierta de hielo. En ella crecían muchas plantas y vivían muchos animales, entre ellos, los dinosaurios.

¿Por qué los dinosaurios no caminaban como los reptiles?

La principal diferencia con los reptiles actuales es que los dinosaurios caminaban con el cuerpo muy separado del suelo, como las aves, porque sus firmes patas les permitían sostener su peso.

¿Por qué se encuentran restos de dinosaurios en las rocas?

Los huesos y los dientes del animal pueden fosilizarse si, tras su muerte, queda cubierto por capas de arena o barro. Al cabo de mucho tiempo, la arena se endurece hasta convertirse en roca y conserva los restos petrificados.

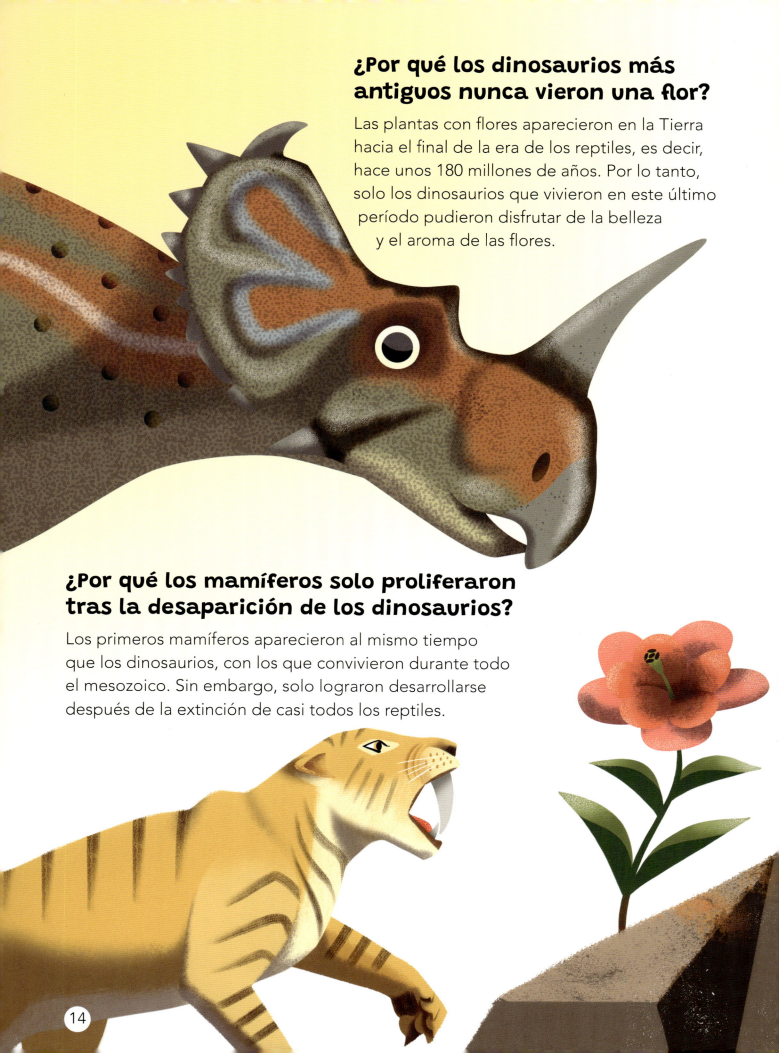

¿Por qué los dinosaurios más antiguos nunca vieron una flor?

Las plantas con flores aparecieron en la Tierra hacia el final de la era de los reptiles, es decir, hace unos 180 millones de años. Por lo tanto, solo los dinosaurios que vivieron en este último período pudieron disfrutar de la belleza y el aroma de las flores.

¿Por qué los mamíferos solo proliferaron tras la desaparición de los dinosaurios?

Los primeros mamíferos aparecieron al mismo tiempo que los dinosaurios, con los que convivieron durante todo el mesozoico. Sin embargo, solo lograron desarrollarse después de la extinción de casi todos los reptiles.

¿Por qué los animales terrestres actuales no son tan grandes como muchos dinosaurios?

Es una cuestión de física. Los dinosaurios más grandes tenían huesos con sacos aéreos que aligeraban su peso y grandes pulmones que suministraban oxígeno a todas las células de su cuerpo.

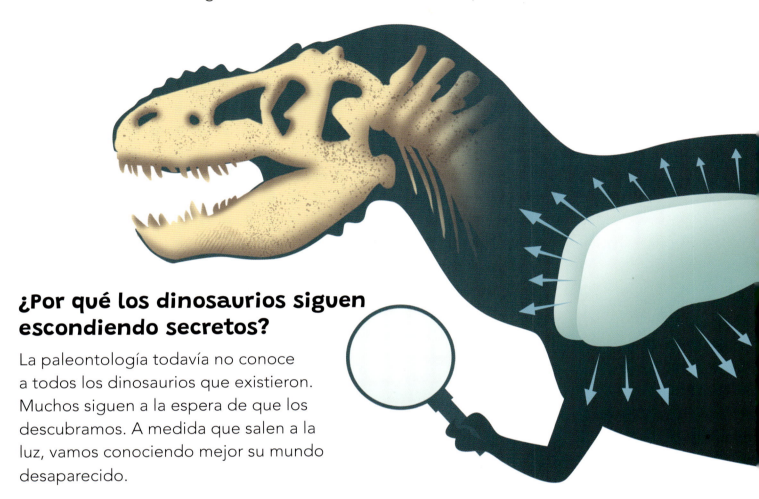

¿Por qué los dinosaurios siguen escondiendo secretos?

La paleontología todavía no conoce a todos los dinosaurios que existieron. Muchos siguen a la espera de que los descubramos. A medida que salen a la luz, vamos conociendo mejor su mundo desaparecido.

¿Por qué creen los científicos que algunos dinosaurios eran de sangre caliente?

Los reptiles tienen que exponerse al sol durante mucho tiempo para calentarse y estar activos. Sin embargo, algunos dinosaurios siempre fueron muy enérgicos, por lo que se cree que, al igual que los mamíferos y las aves, producían el calor necesario directamente con su cuerpo.

Carnívoros

Muchos dinosaurios eran veloces, astutos y, sobre todo, estaban armados con garras y dientes bien afilados. Para vivir, se alimentaban de otros animales a los que cazaban. ¡Cruzarse en su camino debía de ser muy peligroso!

Algunos carnívoros eran inmensos y llevaban una vida solitaria, como los tigres actuales. Otros, más pequeños, preferían vivir en manada y colaborar con sus compañeros, como los lobos. Por regla general, todos caminaban sobre dos patas, con la cola muy por encima del suelo.

¿Por qué se llama así el tiranosaurio?

El nombre científico que los paleontólogos eligieron para este dinosaurio es *Tyrannosaurus rex*, que significa «lagarto tirano rey». A menudo se escribe T. rex, que es un nombre más corto y simpático.

¿Por qué casi todos los dinosaurios carnívoros eran bípedos, es decir, caminaban sobre dos patas?

Los dinosaurios carnívoros, sobre todo los de tamaño pequeño y mediano, eran bípedos porque caminar exclusivamente sobre las patas traseras les permitía dedicar las delanteras a otras funciones, como sujetar con firmeza a las presas.

¿Por qué los dinosaurios carnívoros no podían masticar?

Solo utilizaban los dientes para sujetar a su víctima y desgarrarla. Luego se tragaban los bocados enteros, como hacen hoy en día los tiburones o los cocodrilos.

¿Por qué el T. rex tenía los brazos cortos?

Los bracitos del T. rex parecen ridículos en un animal tan grande y tan feroz. Se desconoce exactamente para qué los utilizaba (si es que los utilizaba). Hay quien cree que le servían como apoyo para levantarse del suelo.

¿Por qué se cree que el T. rex no era depredador, sino carroñero?

Muchos estudiosos creen que, al ser un dinosaurio tan grande, no podía correr lo bastante rápido como para perseguir y dar alcance a sus presas, por lo que tenía que conformarse con comer animales ya muertos.

¿Por qué un T. rex y un tarbosaurio no podían luchar entre sí?

Estos enormes depredadores eran muy similares y ambos habrían salido mal parados en una pelea. En cualquier caso, es bastante improbable que llegaran a cruzarse, ya que vivían en dos regiones de la Tierra muy alejadas entre sí.

¿Por qué los ojos de los dinosaurios carnívoros eran tan grandes?

Muchos dinosaurios carnívoros tenían los ojos grandes y orientados hacia delante para detectar mejor a las presas y no perder de vista a los animales a los que perseguían.

¿Por qué el T. rex tenía unos grandes agujeros en los huesos del cráneo?

El cráneo del T. rex, como el de muchos dinosaurios carnívoros, no era compacto, sino que tenía unas aberturas llamadas «fenestras», que le permitían aligerar el peso de su enorme cabeza.

¿Por qué el T. rex tenía los dientes largos y puntiagudos?

Los dientes del T. rex eran mucho más largos que un plátano y puntiagudos como un puñal. Su forma indica que era un animal carnívoro, es decir, que se alimentaba de otros animales.

¿Por qué el T. rex siempre tenía la dentadura a punto?

Aunque se le rompiera un diente de forma accidental, el T. rex no corría peligro de quedarse desdentado, ya que las piezas rotas eran sustituidas continuamente por otras nuevas y perfectamente afiladas.

¿Por qué el espinosaurio tenía una gran vela en la espalda?

La vela le servía para ser visto por otros espinosaurios y, así, atraer a su pareja y ahuyentar a los intrusos de su territorio.

¿Por qué el espinosaurio vivía cerca de los ríos?

Porque allí podía encontrar una gran cantidad de peces, que eran su alimento favorito. Además, en los ríos no había otros grandes dinosaurios que pudieran disputarle el territorio.

¿Por qué los dientes del espinosaurio tenían forma de clavo?

Sus dientes de forma cónica le permitían capturar y sujetar fácilmente a presas acuáticas rápidas y muy escurridizas, como los peces.

¿Por qué los dinosaurios carnívoros tenían la boca tan grande?

Para muchos carnívoros, la boca era su única arma para capturar a las presas. Era una auténtica trituradora de huesos que les permitía arrancar enormes cantidades de carne de un solo mordisco.

¿Por qué la cola del espinosaurio medía más de un metro de alto?

Su elevada altura y la forma de aleta le permitían darse impulso al nadar.

¿Por qué el espinosaurio tenía los dedos palmeados?

El espinosaurio pasaba casi todo el tiempo en las aguas de los ríos. Como a los patos, las membranas que unían sus dedos les permitían nadar con facilidad.

¿Por qué el espinosaurio tenía las fosas nasales encima del hocico y no en la punta?

La posición de las fosas nasales le permitía respirar aire pese a permanecer casi completamente sumergido.

¿Por qué el espinosaurio tenía un hocico similar al de un cocodrilo?

Porque, como el cocodrilo, se movía por el agua fangosa de los ríos, donde la vista no resultaba de gran utilidad mientras que el largo hocico contenía los órganos sensoriales necesarios.

¿Por qué el alosaurio tenía el cuello corto y musculoso?

El alosaurio arrancaba trozos de carne tirando con la cabeza hacia atrás, como las águilas y otras aves rapaces. Su cuello corto y fuerte le daba la fuerza necesaria para ello.

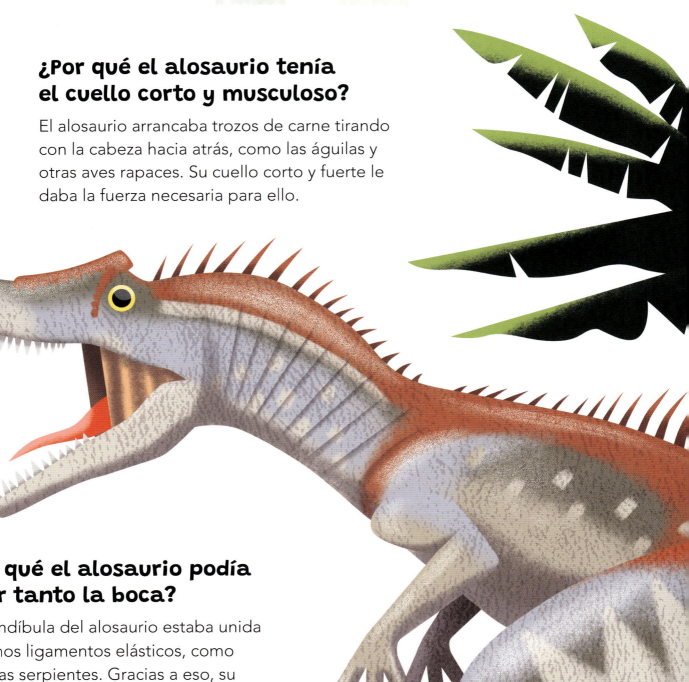

¿Por qué el alosaurio podía abrir tanto la boca?

La mandíbula del alosaurio estaba unida con unos ligamentos elásticos, como la de las serpientes. Gracias a eso, su mordedura era aún más potente.

¿Por qué un alosaurio no podía luchar contra un T. rex?

Los alosaurios vivieron muchos millones de años antes que los T. rex, más de los que han transcurrido desde la extinción de los dinosaurios hasta nuestros días.

¿Por qué el velocirraptor tenía una garra larga en el segundo dedo de cada pie?

Las garras tenían una función básica: ensartar a la presa y sujetarla para que no escapase, como hacen los halcones.

¿Por qué los dinosaurios carnívoros solían ser tan veloces?

Para los dinosaurios depredadores, la velocidad era crucial para atrapar una presa. Gracias a sus musculosas patas traseras podían correr mucho.

¿Por qué se cree que el velocirraptor tenía buen olfato?

Al estudiar el cráneo de este dinosaurio, se ha descubierto que la parte del cerebro encargada del olfato estaba especialmente desarrollada.

¿Por qué el deinonicus corría con su larga garra mirando hacia arriba?

Para este dinosaurio, la garra era indispensable para capturar a sus presas. Si se le rompía, el animal corría el riesgo de morir de hambre. Para no desgastarla, al correr la mantenía levantada del suelo.

¿Por qué el deinonicus no resbalaba al correr?

Es probable que el deinonicus persiguiera a sus presas corriendo en zigzag. Así, las uñas más cortas de los pies se agarraban mejor al suelo.

¿Por qué se cree que los velocirraptores eran nocturnos?

Los ojos de estos pequeños depredadores eran muy anchos para que pudieran ver incluso de noche.

¿Por qué el escansorioptérix se aferraba a los troncos?

Su primer dedo del pie, muy robusto y vuelto hacia atrás, le permitía aferrarse a los troncos de los árboles, como un pájaro carpintero, para observar su territorio.

¿Por qué el escansorioptérix tenía un dedo muy largo?

Según algunos científicos, este pequeño dinosaurio utilizaba el tercer dedo de la mano, que era largo y delgado, para extraer larvas de insectos de las cavidades de las rocas o de la corteza de los árboles.

¿Por qué el nombre del mei long significa «dragón dormido» en chino?

Este pequeño dinosaurio fue descubierto en una posición curiosa: con la cabeza oculta bajo el ala. Es posible que una tormenta de arena o las cenizas de un volcán lo sorprendieran mientras dormía y lo sepultaran.

¿Por qué se llama así el ovirraptor?

Se le conoce con este nombre, que significa «depredador de huevos», porque el primer ejemplar descubierto apareció junto a un nido, y se pensó que lo estaba atacando. Más tarde se descubrió que los huevos eran suyos y que los estaba cuidando.

¿Por qué los ovirraptores tenían largas plumas en los brazos?

Sus brazos cubiertos de plumas servían para proteger los huevos durante la incubación y proporcionarles el calor necesario para que se desarrollasen las crías.

¿Por qué los huevos de los ovirraptores eran alargados?

Estos dinosaurios construían sus nidos muy juntos unos de otros. Probablemente, la forma alargada de los huevos hacía que ocuparan menos espacio y que no rodasen fuera del nido.

¿Por qué creen los paleontólogos que los huevos de ovirraptor eran de colores?

El color de los huevos les servía para camuflarse y estar mejor protegidos cuando la madre se ausentaba del nido.

¿Por qué tenía pico el gallimimo?

Probablemente este dinosaurio tenía una dieta muy variada: hojas, brotes, pero también pequeños animales, como insectos y gusanos. Tener pico le permitía comer fácilmente un poco de todo.

¿Por qué el pico del gallimimo parecía una pala?

Se cree que su ancho pico le permitía filtrar el agua para separar la comida, como hacen los patos con su pico en forma de peine.

¿Por qué el gallimimo tenía los huesos huecos?

Para poder correr a toda velocidad, el gallimimo tenía que ser ligero. Pese a ser largo como un cocodrilo y alto como un avestruz, no pesaba demasiado, ya que los huesos de su esqueleto eran huecos, como los de las aves actuales.

¿Por qué se llama así el ornitomimo?

Su nombre significa «imitador de aves». Ciertamente, este dinosaurio guarda una gran semejanza con las aves no voladoras actuales, como el avestruz: tenía las patas grandes, los pies fuertes, el cuello largo, la cabeza pequeña y carecía de dientes.

¿Por qué el estrutiomimo tenía las patas traseras largas y musculosas?

Al igual que el ornitomimo, su punto fuerte era la carrera: para escapar de los depredadores, podía alcanzar grandes velocidades. Se movía también como los avestruces, a los que debía de parecerse mucho.

¿Por qué el ornitomimo tenía los pies alargados?

Sus pies, largos y algo desproporcionados, estaban formados por unos huesos especiales capaces de amortiguar los impactos contra el suelo al correr. Si hubiera tenido los pies «normales», se le habrían roto.

¿Por qué el sinornitomimo tenía piedras lisas en el estómago?

Al no tener dientes, este dinosaurio omnívoro no podía masticar, así que trituraba los alimentos directamente en el estómago. Para ello, ingería piedras que, movidas por los músculos del estómago, funcionaban como las muelas de un molino.

¿Por qué el quirostenote tenía unas pequeñas garras en sus largos brazos alados?

Este dinosaurio tampoco tenía dientes. Probablemente se alimentaba de lo que encontraba en el suelo, como hojas e insectos, o excavando en la madera o bajo tierra con las garras de sus largos dedos.

¿Por qué el pelecanimimo tenía una bolsa de piel bajo el cuello?

A diferencia de otros ornitomímidos, este dinosaurio se alimentaba principalmente de peces, que capturaba en aguas poco profundas. Para agilizar la captura, almacenaba a sus presas en una bolsa de piel bajo el cuello, como hacen los pelícanos.

¿Por qué se llama así el deinoquiro?

Su nombre significa «mano horrible» en griego antiguo. Sus manos debían de ser francamente temibles: eran largas como un brazo humano y tenían tres dedos, cada uno dotado de una enorme garra.

¿Por qué se cree que el deinoquiro no era feroz?

En realidad, sus largas garras no terminaban en punta y, más que para arañar, debían de servir para recoger hojas o capturar pequeños peces.

¿Por qué algunos carnívoros pequeños se unían para cazar?

Los depredadores de menor tamaño podían capturar animales más grandes que ellos si unían sus esfuerzos, aunque eso implicase compartir la presa con otros.

¿Por qué se cree que el troodonte era muy inteligente?

El troodonte era más o menos del tamaño de una bicicleta, pero en comparación con otros dinosaurios tenía un gran cerebro, lo que sin duda lo hacía muy inteligente.

¿Por qué el dilofosaurio tenía dos crestas en la cabeza?

Su cabeza estaba decorada con dos crestas óseas que se extendían desde el hocico hasta encima de los ojos. Es posible que este extraño adorno sirviera para llamar la atención de sus compañeras.

¿Por qué se cree que las crestas del dilofosaurio no eran un arma de defensa?

En los lugares donde vivía, el dilofosaurio era un depredador lo bastante grande como para no tener enemigos. Además, sus crestas no eran en absoluto robustas y, si las hubiera utilizado con violencia contra un adversario, se le habrían roto.

¿Por qué el carnotauro tenía pequeñas placas en el cuerpo?

La parte superior de su cuerpo estaba recubierta por unas placas duras que probablemente tenían una función protectora, sobre todo en el caso de enfrentamientos con sus congéneres u otros dinosaurios.

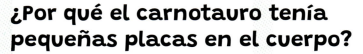

¿Por qué la cola de los dinosaurios bípedos era larga y gruesa?

La cola de los dinosaurios que caminaban solo sobre las patas traseras servía para mantener el equilibrio: funcionaba como contrapeso para que el animal no se cayera hacia delante.

¿Por qué los dinosaurios carnívoros también se denominan «terópodos»?

La ciencia ha clasificado a muchos dinosaurios carnívoros en el subgrupo de los terópodos, palabra que significa «pie de bestia». Los terópodos, en efecto, poseían unas garras poderosas y muy afiladas, tanto en las manos como en los pies.

¿Por qué se llama así el albertosaurio?

Este dinosaurio, muy parecido al T. rex, debe su nombre a Alberta, la región de Canadá donde se encontraron por primera vez sus huesos fosilizados.

¿Por qué el carnotauro tenía dos cuernos pequeños en la cabeza?

Estos pequeños cuernos le servían para pelear con otros carnotauros. Los fuertes músculos de su cuello le permitían aguantar las embestidas.

¿Por qué el criolofosaurio tenía una elegante cresta en la cabeza?

Su cresta ósea tenía forma de abanico, miraba hacia delante y probablemente era de un color llamativo. Puede parecer algo ridícula, pero debía de ser muy importante para el criolofosaurio, que la exhibía para ser reconocido por otros ejemplares de su especie o durante el cortejo.

¿Por qué el celofisis tenía el cuello en forma de «S»?

El cuello de este dinosaurio era largo y delgado, y cuando estaba en reposo, se asemejaba a la letra S. Desde esa posición podía estirarlo en un abrir y cerrar de ojos para cazar a las pequeñas presas que encontrara por el suelo.

¿Por qué se llama así el criolofosaurio?

Su nombre significa «reptil crestado congelado», ya que sus huesos fosilizados se encontraron en las tierras heladas de la Antártida. Eso demuestra que en el pasado este continente no estaba cubierto de hielo, sino de grandes bosques.

¿Por qué el epidexiptérix tenía las plumas de la cola tan largas?

Este dinosaurio tenía cuatro largas plumas en forma de cinta en la cola. Le servían para parecer más atractivo a los ojos de su pareja durante el periodo de apareamiento o para ahuyentar a sus rivales.

¿Por qué se desconoce el color del epidexiptérix?

Los científicos saben que el cuerpo de este animal estaba cubierto de plumas, ya que se ha encontrado la impronta de estas entre los fósiles. Su color es muy difícil de reconstruir, pues rara vez deja rastro.

¿Por qué el yi qi tenía pequeños dientes afilados en la punta del hocico?

Sus pequeños dientes en forma de gancho le servían para atrapar insectos y arañas, que probablemente perseguía trepando por las ramas.

¿Por qué el microrraptor tenía cuatro alas?

Tenía los brazos cubiertos de plumas, pero estas eran tan pequeñas que no le permitían volar, a diferencia de las aves. Las alas de las patas traseras lo ayudaban a planear.

¿Por qué el yi qi tenía un dedo «extra» muy largo y delgado?

El nombre de este pequeño dinosaurio chino significa «ala extraña». Y es que sus alas, muy parecidas a las de los murciélagos, estaban formadas por un hueso muy largo que mantenía la piel tensa entre la mano y el cuerpo.

¿Por qué se cree que el mononico cazaba pequeños animales por la noche?

Al tener los dientes pequeños, solo podía ingerir presas de tamaño reducido, como insectos y lagartijas. En cambio, sus grandes ojos sugieren que podía cazar en la oscuridad de la noche, cuando hacía más frío y había menos depredadores.

¿Por qué el mononico tenía una única garra en las manos?

Este pequeño dinosaurio tenía los brazos cortos y una única garra alargada en el pulgar. Esta garra era tan grande que quizá le sirviera para hurgar en los nidos de los insectos de los que se alimentaba.

Herbívoros

Además de los carnívoros, también había dinosaurios herbívoros, aunque en realidad no comían hierba, sino plantas de todo tipo. Solían vivir en manada y se desplazaban constantemente en busca de alimento.

Tenían diferentes formas de defenderse del ataque de los depredadores, como huir o darles golpes con la cola, que a menudo estaba armada. Algunos también poseían cuernos y una coraza que les cubría el cuerpo entero, protegiéndolos como una armadura medieval.

¿Por qué se llama así el brontosaurio?

El nombre brontosaurio proviene del griego antiguo y significa «reptil trueno». Dado el enorme tamaño del animal, podemos imaginarnos el estruendo que producía al caminar.

¿Por qué el plateosaurio tenía los dientes pequeños y afilados?

Cuando el plateosaurio cerraba la boca, los dientes superiores se cruzaban con los inferiores como las hojas de una tijera, un método infalible para desmenuzar hojas y ramas.

¿Por qué el apatosaurio tenía una cola fina como un látigo?

Como muchos dinosaurios similares, el apatosaurio tenía una cola formidablemente larga con la punta muy fina. Los científicos creen que golpeaba con ella a los depredadores o que la utilizaba para comunicarse a distancia con sus compañeros.

¿Por qué el plateosaurio tenía los dedos de sus manos tan largos?

El plateosaurio utilizaba las manos para aferrar las ramas y llevárselas a la boca. Al tener los brazos muy cortos, solo podía alcanzar las que crecían más alto gracias a sus largos dedos.

¿Por qué las patas traseras del plateosaurio eran más fuertes que las delanteras?

Las enormes patas traseras de este animal soportaban fácilmente su peso cuando se levantaba sobre ellas para defenderse o para arrancar las hojas de la copa de los árboles.

¿Por qué el braquiosaurio tenía la nariz en la frente?

Sus amplias fosas nasales se abrían en la zona de la cabeza y estaban protegidas por un hueso en forma de arco. Eso impedía que, mientras el braquiosaurio comía, las hojas se le introdujeran en la nariz.

¿Por qué el estómago de los saurópodos era tan grande?

Los saurópodos tenían el estómago muy grande para almacenar mucha comida en poco tiempo. En cambio, la digestión podía ser muy larga, como la de los rumiantes actuales.

¿Por qué las patas del braquiosaurio eran grandes como columnas?

Sus dimensiones eran impresionantes y, para sostener un cuerpo tan pesado, necesitaba unas patas grandes y erectas.

¿Por qué los saurópodos tenían el cuello tan largo?

Desplazar un cuerpo tan enorme requería mucha energía. En cambio, moviendo solo el cuello, los saurópodos podían alcanzar las hojas de los árboles cercanos.

¿Por qué los saurópodos tenían almohadillas carnosas bajo los pies?

Al igual que los elefantes, caminaban sobre los dedos de los pies, apoyados en una almohadilla de grasa invisible, que los ayudaba a soportar el peso del cuerpo al caminar.

¿Por qué los saurópodos tenían uñas grandes y fuertes en las patas traseras?

Según los científicos, esas uñas les servían para excavar nidos en el suelo, como hacen las tortugas marinas cuando salen a poner sus huevos en la arena.

¿Por qué los saurópodos enterraban sus huevos?

Los saurópodos no incubaban sus huevos, sino que los enterraban en la arena caliente o bajo montones de hojas, donde obtenían el calor necesario para que se abrieran.

¿Por qué el diplodocus tenía los dientes en forma de lápiz?

La extraña forma de los dientes de este dinosaurio resultaba perfecta para arrancar las hojas de los árboles: al estar dispuestos en hilera, funcionaban como un rastrillo y le permitían recoger enormes cantidades de comida en pocos bocados.

¿Por qué los saurópodos necesitaban tener un corazón potente?

Los saurópodos de mayor tamaño tenían la cabeza al menos ocho metros por encima del corazón, así que, para impulsar la sangre hasta allí, ¡tenía que ser muy potente!

¿Por qué los saurópodos gigantes no ponían huevos igual de gigantes?

Según los científicos, unos huevos demasiado grandes habrían tardado mucho en desarrollarse. Eso habría hecho más probable que se rompieran antes de que nacieran las crías.

¿Por qué se dice que el argentinosaurio es un dinosaurio de récord?

Se lo considera el animal más grande que jamás haya caminado sobre tierra firme. Se cree que medía el equivalente a dos autobuses y que pesaba como diez elefantes africanos.

¿Por qué el camarasaurio tenía huecos en los huesos del cuello?

Los científicos creen que estos huecos contenían sacos aéreos, que aligeraban el peso de su larguísimo cuello y garantizaban su robustez.

¿Por qué el bajadasaurio tenía unas espinas alargadas en el cuello?

Del cuello del bajadasaurio salían unas espinas alargadas que apuntaban hacia delante. En realidad, eran unos huesos que probablemente servían para proteger esa parte tan delicada del cuerpo.

¿Por qué el amargasaurio tenía dos filas de espinas en el cuello?

Las espinas de los amargasaurio, que formaban una especie de vela, servían para cortejar a sus parejas o quizá incluso para calentarse más rápido bajo los rayos del sol.

¿Por qué el nigersaurio tenía un hocico excepcionalmente ancho?

El hocico de este dinosaurio parecía una aspiradora perfecta para arrancar las pequeñas plantas que crecían a ras de suelo. Era muy ancho y en la boca tenía cientos de pequeños dientes con forma de aguja.

¿Por qué el brontomero tenía los muslos tan robustos?

¡El brontomero debía de arrear unas coces de campeonato! Los músculos de sus muslos, especialmente desarrollados, le permitían lanzar patadas muy potentes, tanto para defenderse como para atacar a otros machos.

¿Por qué el jirafatitán tenía las patas delanteras más largas que las traseras?

Como las jirafas, de las que toma su nombre, este dinosaurio tenía unas patas delanteras muy largas que le permitían alcanzar la copa de árboles tan altos como una casa de cuatro plantas sin tener que alzarse sobre las patas traseras, con el consiguiente ahorro de energía.

¿Por qué algunos saurópodos tragaban piedras?

Algunos científicos creen que las piedras que han aparecido en los estómagos de estos dinosaurios eran una fuente de minerales, como el calcio, que probablemente escaseaba en su dieta.

¿Por qué el iguanodonte caminaba tanto a dos como a cuatro patas?

Este dinosaurio pasaba la mayor parte del tiempo sobre las cuatro patas, pero, cuando se asustaba, prefería correr utilizando solo las patas traseras, para poder ir más rápido.

¿Por qué se llama así el iguanodonte?

Su nombre significa «diente de iguana». Cuando se encontraron por primera vez sus dientes fósiles, se observó que guardaban un asombroso parecido con los de las iguanas, aunque los de estas son mucho más pequeños.

¿Por qué la cola del iguanodonte no solo era larga, sino también muy rígida?

Al igual que su garra, la cola era un arma con la que se defendía de los ataques de los depredadores. Moviéndola de un lado a otro, impedía que se le acercaran demasiado.

¿Por qué el iguanodonte tenía una gran garra en el pulgar?

La superuña del pulgar le servía tanto para acercarse las ramas a la boca como para defenderse de un atacante en combate cuerpo a cuerpo.

¿Por qué al maiasaurio se le puso un nombre femenino?

Su nombre significa «buena madre reptil». Estos dinosaurios vivían en manadas y todos los adultos construían sus nidos en el mismo lugar para cuidar bien a sus crías.

¿Por qué los hadrosaurios tenían almohadillas bajo los pies?

Según los científicos, los dedos de los pies de los hadrosaurios estaban unidos a una suave almohadilla de carne, como la de los camellos, que les permitía soportar el peso del cuerpo durante las largas migraciones.

¿Por qué muchos dinosaurios herbívoros tenían pico?

En la época de los dinosaurios, había plantas con hojas muy duras, como las coníferas, los helechos arbóreos y las colas de caballo. Para poder comerlas, hacía falta tener un pico fuerte y muy afilado.

¿Por qué las crías de maiasaurio permanecían tanto tiempo en el nido?

Las crías permanecían en el nido protegidas por sus padres, que les llevaban comida hasta que eran lo bastante fuertes como para valerse por sí mismas.

¿Por qué a los hadrosaurios se los llama «dinosaurios de pico de pato»?

Todos los dinosaurios pertenecientes a este grupo tenían un hocico de una forma extraña: alargado y más ancho hacia la parte de la boca, como el pico de un pato.

¿Por qué muchos hadrosaurios tenían cresta?

Los huesos de la cabeza de algunos dinosaurios eran alargados y huecos por dentro. Cuando el aire penetraba en las fosas nasales, las crestas podían amplificar considerablemente la potencia de la voz.

¿Por qué se cree que los hadrosaurios producían sonidos?

Los hadrosaurios, como muchos herbívoros actuales, vivían en manadas numerosas y, para «hablar» con sus compañeros, tenían que recurrir a la forma más rápida posible de comunicación: el sonido.

¿Por qué los hadrosaurios realizaban largas migraciones?

Los hadrosaurios emprendían viajes muy largos, siempre en busca de plantas, que ingerían en grandes cantidades.

¿Por qué los hadrosaurios tenían varias filas de dientes?

Algunos tenían más de mil pequeños dientes, incluso en el paladar y la parte interna de las mejillas. Funcionaban como un rallador y eran capaces de triturar hasta las hojas más duras.

¿Por qué tenía joroba el ouranosaurio?

Según algunos científicos, su joroba, compuesta de grasa como la de los camellos, debía de servirle como reserva de alimento.

¿Por qué el estegosaurio tenía grandes espinas en la punta de la cola?

La cola del estegosaurio actuaba como un potente mazo que ahuyentaba a los grandes depredadores, como el alosaurio. ¡Un golpe bien dado podía hacer mucho daño a su atacante!

¿Por qué el escelidosaurio no temía los dientes de los carnívoros?

Su cuerpo estaba protegido por una especie de coraza: la espalda y los flancos estaban cubiertos desde la cabeza hasta la cola por varias hileras de pequeñas placas óseas de forma puntiaguda.

¿Por qué el estegosaurio tenía dos hileras de huesos planos en la espalda?

No sabemos exactamente para qué servían, aunque los expertos señalan que podrían haberle servido para regular la temperatura corporal.

¿Por qué se cree que el estegosaurio era poco inteligente?

Porque tenía la cabeza muy pequeña en comparación con el cuerpo. ¡En su interior solo cabía un cerebro del tamaño de una nuez!

¿Por qué el edmontonia necesitaba tener unos grandes intestinos?

Para digerir las hojas duras de las que se alimentaba este dinosaurio, era necesario un largo recorrido por los intestinos, que, por tanto, tenían que ser grandes.

¿Por qué el anquilosaurio tenía pequeños escudos en la espalda?

El anquilosaurio era un dinosaurio acorazado, es decir, tenía el cuerpo, la cabeza e incluso los ojos protegidos por fuertes huesos planos que formaban una sólida coraza.

¿Por qué el anquilosaurio tenía las patas cortas?

Aunque contara con la protección de la coraza, el anquilosaurio tenía un punto débil: el abdomen, que carecía de protección. Tener las patas cortas le permitía echarse rápidamente al suelo para que los depredadores no lo pusieran panza arriba durante la lucha.

¿Por qué el edmontonia tenía grandes espinas en los hombros?

Según algunos estudiosos, los machos podían utilizar esas largas espinas con la punta hacia delante en competiciones de fuerza como hacen los ciervos con su cornamenta.

¿Por qué el anquilosaurio también era temido por los grandes depredadores?

La cola de este enorme dinosaurio estaba rematada con una pesada maza de hueso con la que el animal se defendía de quienes lo atacaban.

¿Por qué el gastonia tenía la cola bordeada de «cuchillas»?

La cola le servía como arma defensiva: gracias a la hilera de hojas afiladas y puntiagudas que tenía a cada lado, podía cortar en dos cualquier cosa que encontrara a su paso.

¿Por qué el euoplocéfalo tenía los dientes pequeños?

Este dinosaurio se alimentaba de hojas del sotobosque, que recogía con el pico y trituraba con sus pequeños dientes, moviendo la mandíbula adelante y atrás.

¿Por qué el paquicefalosaurio tenía la cabeza protegida por un casco?

Los científicos creen que servía de protección cuando los machos se enfrentaban dándose potentes cabezazos para demostrar su fuerza.

¿Por qué el parasaurolofus tenía una larga cresta?

Los huesos alargados de la cabeza de los machos podían medir casi dos metros. Probablemente servía para asustar a los adversarios y también para amplificar la voz.

¿Por qué el tericinosaurio tenía las garras largas como espadas?

Puede ser que sus temibles garras, de más de un metro de longitud, le sirvieran sobre todo para llevarse a la boca las ramas cubiertas de hojas y engullirlas de un bocado, sin tener que moverse.

¿Por qué el heterodontosaurio tenía unos dientes que parecían colmillos?

Al ser herbívoro y alimentarse exclusivamente de hojas, es probable que sus largos y afilados colmillos solo sirvieran para defenderse de los depredadores.

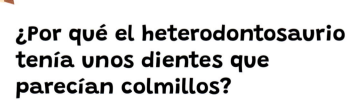

¿Por qué se cree que el tericinosaurio vivía en el bosque?

Su boca en forma de pico era perfecta para comer hojas, que masticaba con los pequeños dientes que tenía en la parte interna de las mejillas. El bosque debía de ser el hábitat ideal para encontrar abundante comida.

¿Por qué al tericinosaurio no le gustaban los espacios abiertos y desarbolados?

El tericinosaurio se movía muy despacio debido a su gran tamaño. Por tanto, evitaba desplazarse por lugares donde no hubiera árboles entre los cuales esconderse de los grandes depredadores.

¿Por qué se llama así el heterodontosaurio?

Su nombre significa «reptil con dientes diferentes», ya que no solo poseía dientes afilados, sino también dientes planos y grandes para triturar los alimentos.

¿Por qué los dinosaurios herbívoros con cuernos se llaman «ceratópsidos»?

Porque su nombre proviene de una antigua palabra griega que significa «cuerno». Los cuernos, más o menos largos y más o menos numerosos, son la característica común de todo el grupo.

¿Por qué tenían cuernos los ceratópsidos?

Estos enormes herbívoros no debían de ser nada pacíficos. Los cuernos, largos y puntiagudos, eran su principal arma de defensa contra los depredadores, pero también los utilizaban para pelear con sus congéneres.

¿Por qué los dientes de los tricerátops siempre estaban afilados?

Los tricerátops comían hojas de todo tipo, incluso las más duras y leñosas, y sus dientes se desgastaban con facilidad. Por esta razón, renovaban la dentadura constantemente.

¿Por qué los tricerátops celebraban torneos con sus congéneres?

Los tricerátops vivían en grupo y cuando llegaba la época del apareamiento, los machos competían entre ellos a cornada limpia para conseguir pareja.

¿Por qué las crías de tricerátops permanecían tanto tiempo con sus progenitores?

Cuando eran bebés, los tricerátops carecían de cuernos y, por tanto, estaban indefensos. Por eso permanecían con sus progenitores, que rodeaban a las crías a modo de escudo cuando atacaba un depredador.

¿Por qué los tricerátops tenían un vistoso collar?

Se han propuesto varias hipótesis a lo largo de los años, pero la que actualmente se considera más probable es que este gran hueso plano, llamado «gola» sirviera para atraer la atención de las hembras.

¿Por qué el estiracosaurio tenía cuernos también en el borde de la gola?

Los grandes cuernos de la gola no podían perforar a los enemigos, pero servían para que el dinosaurio pareciera más grande y fuerte, con lo que podía asustar a cualquiera que se le acercara.

¿Por qué el diablocerátops tenía pequeños cuernos sobre los ojos?

Los cuernos que tenía sobre los ojos no eran exactamente cuernos, sino huesos del cráneo. Algunos científicos creen que podían servir para excavar en busca de raíces, que debían de ser uno de sus alimentos favoritos.

¿Por qué tenía el chasmosaurio dos grandes agujeros en la gola?

Su enorme gola en forma de corazón tenía dos grandes agujeros centrales, que no podían verse porque estaban cubiertos por la piel, probablemente muy colorida. Teniendo en cuenta su tamaño, es posible que la única función de esos agujeros fuera que la gola pesara menos.

¿Por qué se llaman así los psitacosaurios?

Su nombre significa «reptil loro». Recibe este nombre por su pico, que guarda un gran parecido con el de los loros.

¿Por qué el psitacosaurio tenía los dedos largos?

Según algunos paleontólogos, este dinosaurio tenía los pies grandes para nadar en los lagos y ríos. Aunque otros opinan que utilizaba sus largos dedos para escarbar el suelo en busca de alimento o para construir madrigueras.

¿Por qué se cree que los psitacosaurios adultos caminaban sobre dos patas?

Porque el estudio de los restos fósiles indica que, después de los primeros años de vida, las patas traseras crecían mucho más rápido que los brazos, razón por la cual estos no habrían podido soportar el peso del cuerpo.

¿Por qué los dinosaurios herbívoros tenían los ojos a los lados de la cabeza?

Los animales con los ojos a los lados de la cabeza suelen ser presas. Tener los ojos en esa posición les permite detectar si se acerca algún depredador por un lateral o incluso por la espalda.

¿Por qué los grandes dinosaurios comedores de hojas soltaban pedos a menudo?

Las plantas son un alimento difícil de digerir porque contienen una sustancia muy resistente, la celulosa, cuya eliminación requiere tiempo y muchas bacterias. Durante su digestión, se forma un producto residual muy apestoso, el gas metano.

¿Por qué muchos dinosaurios herbívoros vivían en manada?

Vivir en grupo ofrecía muchas ventajas. Por ejemplo, mientras la manada estaba ocupada comiendo, algunos de sus miembros podían vigilar por turnos y dar la alarma en caso de peligro.

¿Por qué los dinosaurios herbívoros no podían comer hierba?

Durante la mayor parte de la era de los dinosaurios, no existió la hierba tal como la conocemos. Las praderas y las plantas con flores no empezaron a colorear nuestro planeta hasta finales del mesozoico.

Reptiles voladores y reptiles marinos

Los pterosaurios no eran dinosaurios, sino reptiles voladores. Aunque ni siquiera estaban emparentados con las aves, se desplazaban por el aire, tenían los mismos hábitos de vida y ocupaban los mismos hábitats.

Gracias a sus grandes alas, surcaban el cielo prehistórico, quizá persiguiéndose y zambulléndose en las olas del mar para pescar. Incluso los de gran tamaño poseían un cuerpo estilizado y ligero, ¡y algunos lucían crestas muy llamativas en la cabeza!

¿Quiénes dominaban los océanos? Pues unos reptiles marinos, que, pese a no ser dinosaurios, ¡nos siguen pareciendo fascinantes!

En el mesozoico, los había de varios tipos y tamaños: algunos tenían bocas temibles, como los pliosaurios, pero otros eran más pacíficos, como los ictiosaurios, cuyo punto fuerte era la velocidad.

Todos ellos nadaban utilizando las patas, reconvertidas en aletas para adaptarse al mundo subacuático.

¿Por qué los reptiles marinos tenían las fosas nasales delante de los ojos?

Como los delfines y las ballenas, los reptiles marinos necesitaban aire para respirar y, gracias a tener las fosas nasales encima del hocico, podían obtenerlo sin necesidad de sacar la cabeza del agua.

¿Por qué los reptiles marinos tenían aletas en lugar de patas?

El hábitat de estos reptiles eran los mares, los océanos, los ríos y los lagos. Para desplazarse por el agua, las aletas eran más adecuadas, ya que les permitían nadar más rápido.

¿Por qué los plesiosaurios tenían el cuello tan largo?

El cuello podía ser más largo que el cuerpo y la cola juntos. Quizá les sirviera para capturar peces pequeños más fácilmente o para buscar presas entre la arena del fondo marino.

¿Por qué los reptiles marinos prehistóricos no son dinosaurios?

Los reptiles marinos prehistóricos suelen denominarse «dinosaurios», pero es un error, ya que no pertenecen a la misma familia y tienen características muy diferentes. Por ejemplo, no pueden caminar fuera del agua con el cuerpo levantado sobre unas patas erectas.

¿Por qué la cola del plesiosaurio era más corta que su cuello?

El cuello resultaba útil para conseguir comida, pero la cola corta le servía para nadar. La utilizaba como timón para cambiar fácilmente de dirección en el agua.

¿Por qué muchos reptiles marinos tenían una boca fina y muy alargada?

Los reptiles marinos dotados de este tipo de hocico debían de alimentarse de presas pequeñas y blandas, como pececillos y calamares, que engullían de un bocado sin necesidad de trocearlas.

¿Por qué el ictiosaurio tenía un anillo óseo alrededor de los ojos?

El anillo le proporcionaba una protección similar a la máscara de un buzo. Servía para resistir la enorme presión del agua cuando buceaba a gran profundidad.

¿Por qué algunos ictiosaurios tenían un gran número de dedos?

Algunos ictiosaurios tenían nueve dedos en cada pata, así sus aletas eran más anchas y podían nadar a mayor velocidad.

¿Por qué era tan temido el shonisaurio?

Este reptil era grande como una ballena y feroz como un cocodrilo. ¡Enfrentarse a él era peligroso para cualquier habitante de los mares prehistóricos!

¿Por qué los ictiosaurios tenían la cola en forma de media luna?

La gran cola vertical era su «motor». Al batirla en sentido lateral, se impulsaban a gran velocidad, como hacen los tiburones.

¿Por qué los ictiosaurios se asemejaban a los delfines?

Pese a tratarse de reptiles, su parecido con los delfines (que son mamíferos) es notable: los ictiosaurios se alimentaban de las mismas presas que estos pequeños cetáceos y, como ellos, parían las crías vivas.

¿Por qué el mosasaurio tenía los dientes grandes y puntiagudos?

Los dientes del mosasaurio, puntiagudos y firmemente unidos a la boca, permitían a este hábil cazador capturar «al vuelo» diferentes presas, algunas de gran tamaño.

¿Por qué el mosasaurio tenía una cola musculosa?

La técnica de caza del mosasaurio consistía en sorprender a sus presas atacándolas a gran velocidad. Los potentes músculos de la cola le proporcionaban la fuerza necesaria para lanzar estos ataques relámpago.

¿Por qué el oftalmosaurio tenía los ojos grandes como platos?

Sus gigantescos ojos le permitían explorar las profundidades marinas, adonde no llegaban los rayos del sol.

¿Por qué el notosaurio tenía los pies palmeados?

A diferencia de otros reptiles marinos, el notosaurio no tenía aletas, sino pies palmeados. Esto sugiere que podía nadar con soltura en el mar, pero también desplazarse por tierra firme.

¿Por qué el pliosaurio tenía las aletas de detrás más grandes que las de delante?

Este reptil marino de cola más bien corta nadaba impulsándose con las patas traseras, que para ello tenían que ser muy grandes y robustas.

¿Por qué se considera al liopleurodonte un animal de récord?

Su inmensa cabeza ocupaba aproximadamente una quinta parte de su cuerpo. Sus mandíbulas eran, por tanto, de las más grandes de las profundidades, lo que lo convertía en uno de los cazadores más hábiles entre los reptiles marinos de todos los tiempos.

¿Por qué el placodonte tenía dientes grandes y planos en el paladar?

Este reptil se alimentaba de moluscos con concha, como los mejillones y las almejas prehistóricos. Para extraerlos de su caparazón, tenía que aplastarlos contra el paladar.

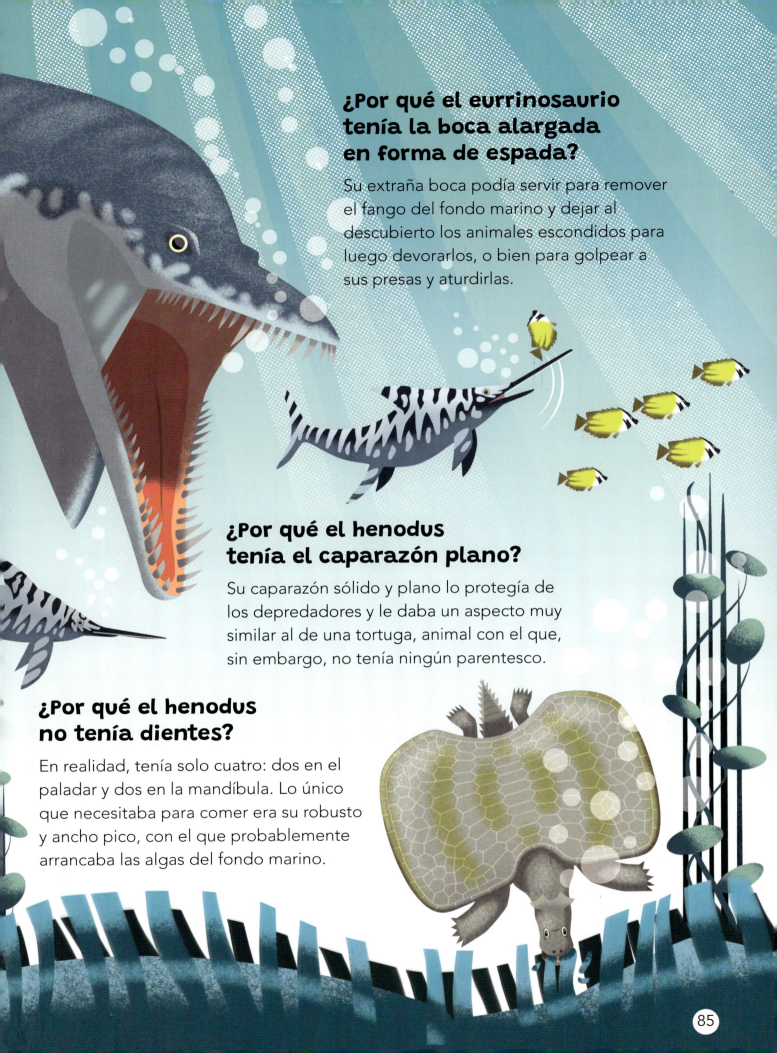

¿Por qué el eurrinosaurio tenía la boca alargada en forma de espada?

Su extraña boca podía servir para remover el fango del fondo marino y dejar al descubierto los animales escondidos para luego devorarlos, o bien para golpear a sus presas y aturdirlas.

¿Por qué el henodus tenía el caparazón plano?

Su caparazón sólido y plano lo protegía de los depredadores y le daba un aspecto muy similar al de una tortuga, animal con el que, sin embargo, no tenía ningún parentesco.

¿Por qué el henodus no tenía dientes?

En realidad, tenía solo cuatro: dos en el paladar y dos en la mandíbula. Lo único que necesitaba para comer era su robusto y ancho pico, con el que probablemente arrancaba las algas del fondo marino.

¿Por qué se llaman así los pterosaurios?

Todos los reptiles voladores con alas de piel que vivieron en el mesozoico se llaman pterosaurios. La palabra griega pteron significa «ala», que es la característica común a todos ellos.

¿Por qué tenían alas los pterosaurios?

Estos reptiles surcaron los cielos millones de años antes que las aves y los murciélagos. Gracias a sus alas, podían desplazarse por el aire.

¿Por qué las alas de los pterosaurios se parecían a las de los murciélagos?

Como las de estos mamíferos, sus alas estaban formadas por una membrana unida al cuerpo, el brazo y la mano, que en el caso de los pterosaurios consistía en un solo dedo, el cuarto, muy largo.

¿Por qué los pterosaurios eran tan livianos?

Sus huesos estaban huecos por dentro para que no pesaran demasiado. Esta característica era imprescindible para un animal que tenía que sostenerse en el aire.

¿Por qué muchos pterosaurios tenían cresta?

Según muchos científicos, sus crestas debían de ser muy vistosas y las exhibían para llamar la atención de las hembras de su especie.

¿Por qué no se encuentran huevos fósiles de pterosaurios?

Como muchos reptiles, los pterosaurios ponían huevos para reproducirse. Se cree que los enterraban en tierra húmeda y, como sus cáscaras eran blandas y porosas, no se han conservado.

¿Por qué los pterosaurios tenían dedos en las alas?

En las manos, además del cuarto dedo que formaba el ala, tenían tres dedos mucho más pequeños que sobresalían de la membrana. Cuando estaban en el suelo, plegaban las alas a los lados del cuerpo y caminaban a cuatro patas, apoyándose sobre ellos.

¿Por qué los pterodáctilos tenían el cuello largo?

Estos reptiles se alimentaba de pequeños animales acuáticos que cazaba filtrando el fango de las marismas. Su largo cuello les permitía ampliar su radio de acción sin tener que desplazarse constantemente.

¿Por qué los pterosaurios tenían el cuerpo peludo?

Algunos pterosaurios tenían el cuerpo cubierto de unos hilitos finos, muy similares al pelo de los mamíferos. Es probable que, como ocurre con el pelo, sirvieran para conservar el calor.

¿Por qué los pterosaurios necesitaban tener buena vista?

Estos reptiles voladores pasaban la mayor parte del tiempo en el aire, a muchos metros sobre el suelo. Para poder encontrar alimento desde esa altura, necesitaban tener una vista aguda.

¿Por qué el ranforrinco tenía los dientes salidos?

Su presa favorita eran los peces pequeños. Gracias a sus extraños dientes, podía capturarlos fácilmente con la boca.

¿Por qué el dimorfodonte tenía un dedo extraño en los pies?

El dimorfodonte no solo podía volar, sino que gracias a este dedo grande y curvo era buen trepador. Es probable que se encaramara a los árboles dando saltos, como las ardillas.

¿Por qué el ranforrinco tenía un rombo en la punta de la cola?

La pequeña «banderita» de piel situada en el extremo de la cola le servía para controlar el vuelo durante las maniobras aéreas y los cambios rápidos de dirección.

¿Por qué se llama así el dimorfodonte?

Su nombre significa «dientes de dos formas», y se debe a que los dientes de la parte delantera de la boca eran afilados, para aferrar a presas pequeñas, mientras que los de la parte trasera eran más adecuados para masticar.

¿Por qué el quetzalcoatlus tenía unos músculos enormes en el pecho?

Para elevarse en el aire y volar, este imponente pterosaurio tenía que batir coordinadamente sus gigantescas alas. Para ello hacía falta una fuerza inmensa, que solo unos músculos enormes podían proporcionar.

¿Por qué el tupandáctilo tenía una cresta gigantesca?

Las crestas de los pterosaurios podían ser blandas o rígidas, estrechas, finas o incluso inmensas, como la del tupandáctilo. Todas, sin embargo, debían de ser muy vistosas, ya que servían para lucirse ante los demás.

¿Por qué es fácil distinguir a los pterosaurios machos de las hembras?

Según los científicos, las crestas más grandes pertenecían a los machos. Las de las hembras eran más pequeñas y, probablemente, también menos coloridas.

¿Por qué el quetzalcoatlus no masticaba?

Tenía un pico muy largo y afilado, pero carecía por completo de dientes. A cambio, su tamaño le permitía engullir de un bocado incluso a los dinosaurios más pequeños.

¿Por qué se cree que el tapejara comía fruta?

Porque su pico era fuerte y robusto, y, debido a su forma, parece especialmente adecuado para triturar semillas, piñas y cáscaras de frutas duras.

¿Por qué el eudimorfodonte se zambullía en el mar?

Según algunos científicos, se zambullía en el agua y buceaba para capturar los peces con la boca antes de tragárselos, como hacen muchas aves marinas hoy en día.

¿Por qué el eudimorfodonte tenía tantos dientes de distintos tamaños?

En su boca, ancha como una mano, había probablemente ¡114 dientes! Algunos eran puntiagudos para morder con fuerza; otros, más robustos, trituraban a las presas con caparazón o de cuerpo duro.

¿Por qué el pteranodonte tenía las alas tan grandes?

Gracias a sus alas, este gigante del cielo podía planear durante mucho tiempo sin demasiado esfuerzo, aprovechando las corrientes de aire. Se cree que podía alejarse varios cientos de kilómetros de la costa.

¿Por qué se llama así el pteranodonte?

Su nombre proviene del griego antiguo y significa «alado sin dientes». Efectivamente, no tenía dientes, por lo que es probable que utilizase la bolsa de piel que tenía bajo el pico, similar a la de los pelícanos, para pescar.

AUTORA

Cristina Banfi es licenciada en Ciencias Naturales por la Universidad de Milán y ha sido profesora en varios centros escolares. Hace más de veinte años que se dedica a la comunicación científica y la ludodidáctica, y cuenta con una amplia experiencia editorial en el ámbito escolar y divulgativo, sobre todo con obras destinadas a niños y jóvenes.

ILUSTRADOR

Tras formarse en diseño industrial, Lorenzo Sabbatini empezó a trabajar como ilustrador para proyectos editoriales y de *marketing*. Desde 2006 es miembro de AI, la Asociación Italiana de Ilustradores.

La edición original de este libro ha sido creada y publicada por White Star, s.r.l.
Piazzale Luigi Cadorna, 6. 20123 Milan-Italy.
www.whitestar.it

White Star Kids® es una marca registrada propiedad de White Star s.r.l.
© 2023 White Star s.r.l.
© 2023 Editorial Eccomi, S.L. Sobre la presente edición.

Octubre 2023
Depósito Legal: B 9577-2023
ISBN: 978-84-19262-37-0
N° de Orden ECC: 0038

Reservados todos los derechos.
Prohibida la reproducción total o parcial.

Traducción: David Paradela
Diseño de cubierta: La Buena Compañía Inc.